AF481977
Drew Millward
31 01 02 03 04 05 06
JAN

Flying Mouse 356 - Chow Hon Lam
07 08 09 10 11 12 13
JAN

14 | 15 | 16 | 17 | 18 | 19 | 20

JAN

21 | 22 | 23 | 24 | 25 | 26 | 27

JAN

28 | 29 | 30 | 31 | 01 | 02 | 03

FEB

04 | 05 | 06 | 07 | 08 | 09 | 10

FEB

11 12 13 14 15 16 17

FEB

18 | 19 | 20 | 21 | 22 | 23 | 24

FEB

# 25 | 26 | 27 | 28 | 01 | 02 | 03

MAR

04 | 05 | 06 | 07 | 08 | 09 | 10

MAR

11 | 12 | 13 | 14 | 15 | 16 | 17

MAR

Oliver Lake
18 | 19 | 20 | 21 | 22 | 23 | 24
MAR

25 | 26 | 27 | 28 | 29 | 30 | 31

**MAR**

01 | 02 | 03 | 04 | 05 | 06 | 07

APR

08 | 09 | 10 | 11 | 12 | 13 | 14

APR

15 | 16 | 17 | 18 | 19 | 20 | 21

APR

# 22 | 23 | 24 | 25 | 26 | 27 | 28

**APR**

29 | 30 | 01 | 02 | 03 | 04 | 05

**MAY**

# 06 | 07 | 08 | 09 | 10 | 11 | 12

**MAY**

13 | 14 | 15 | 16 | 17 | 18 | 19

MAY

# 20 | 21 | 22 | 23 | 24 | 25 | 26

**MAY**

Deanna Halsall

27 | 28 | 29 | 30 | 31 | 01 | 02
JUN

03 | 04 | 05 | 06 | 07 | 08 | 09

JUN

10 | 11 | 12 | 13 | 14 | 15 | 16

JUN

17 | 18 | 19 | 20 | 21 | 22 | 23

JUN

24 | 25 | 26 | 27 | 28 | 29 | 30

JUN

01 | 02 | 03 | 04 | 05 | 06 | 07

JUL

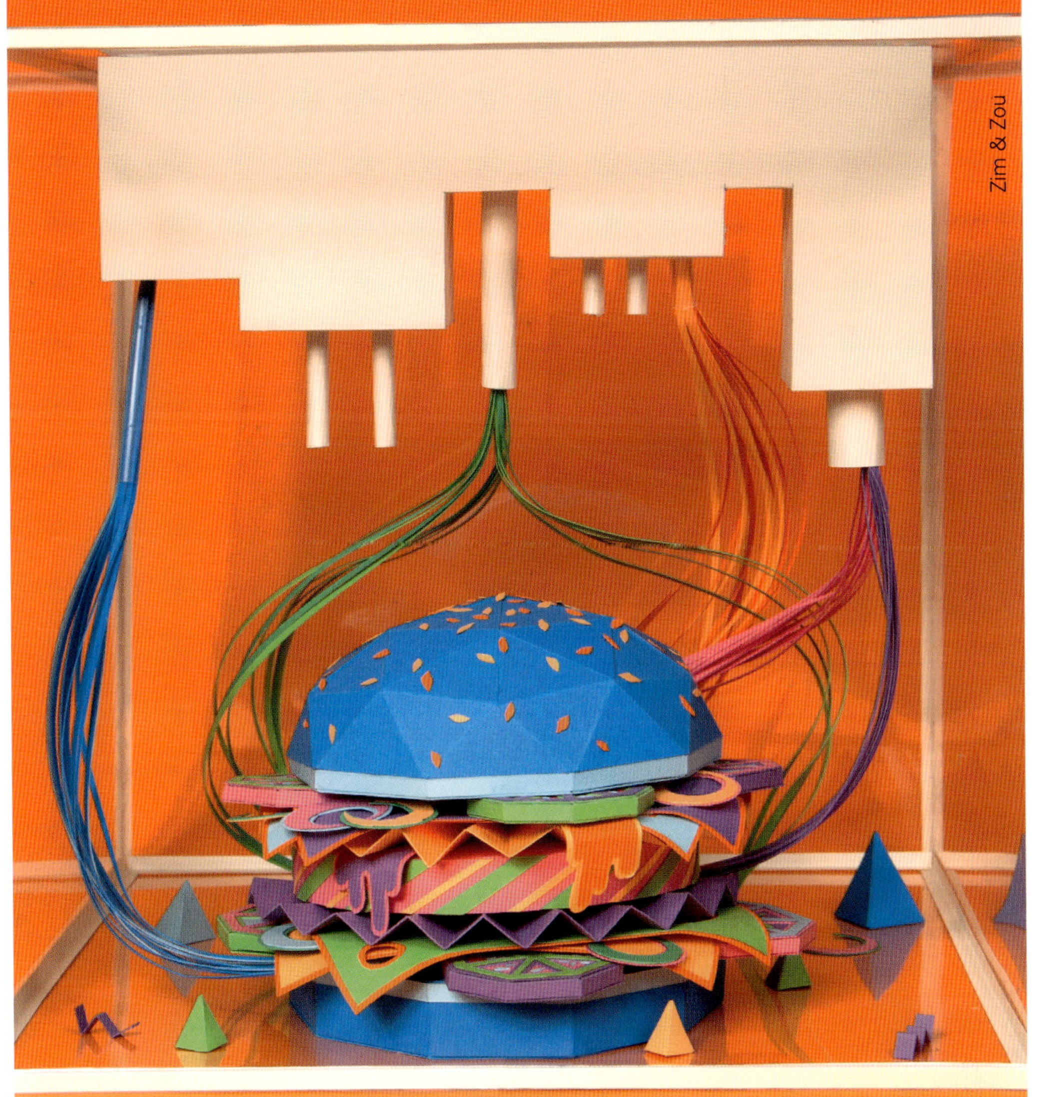



08 | 09 | 10 | 11 | 12 | 13 | 14

JUL

15 | 16 | 17 | 18 | 19 | 20 | 21

JUL

Zim & Zou
Wxnoy's
22 | 23 | 24 | 25 | 26 | 27 | 28
JUL

29 | 30 | 31 | 01 | 02 | 03 | 04

AUG

05 | 06 | 07 | 08 | 09 | 10 | 11

AUG

12 | 13 | 14 | 15 | 16 | 17 | 18

AUG

19 | 20 | 21 | 22 | 23 | 24 | 25

AUG

26 27 28 29 30 31 01

SEP

02 | 03 | 04 | 05 | 06 | 07 | 08

SEP

09 | 10 | 11 | 12 | 13 | 14 | 15

SEP

16 | 17 | 18 | 19 | 20 | 21 | 22

**SEP**

23 | 24 | 25 | 26 | 27 | 28 | 29

SEP

30 | 01 | 02 | 03 | 04 | 05 | 06

OCT

Tang Yau Hoong
07 | 08 | 09 | 10 | 11 | 12 | 13
OCT

# 14 | 15 | 16 | 17 | 18 | 19 | 20

**OCT**

21 | 22 | 23 | 24 | 25 | 26 | 27

OCT

Tang Yau Hoong
28 29 30 31 01 02 03
NOV

04 | 05 | 06 | 07 | 08 | 09 | 10

NOV

11 | 12 | 13 | 14 | 15 | 16 | 17

NOV

18 | 19 | 20 | 21 | 22 | 23 | 24

NOV

25 | 26 | 27 | 28 | 29 | 30 | 01

DEC

02 | 03 | 04 | 05 | 06 | 07 | 08

DEC

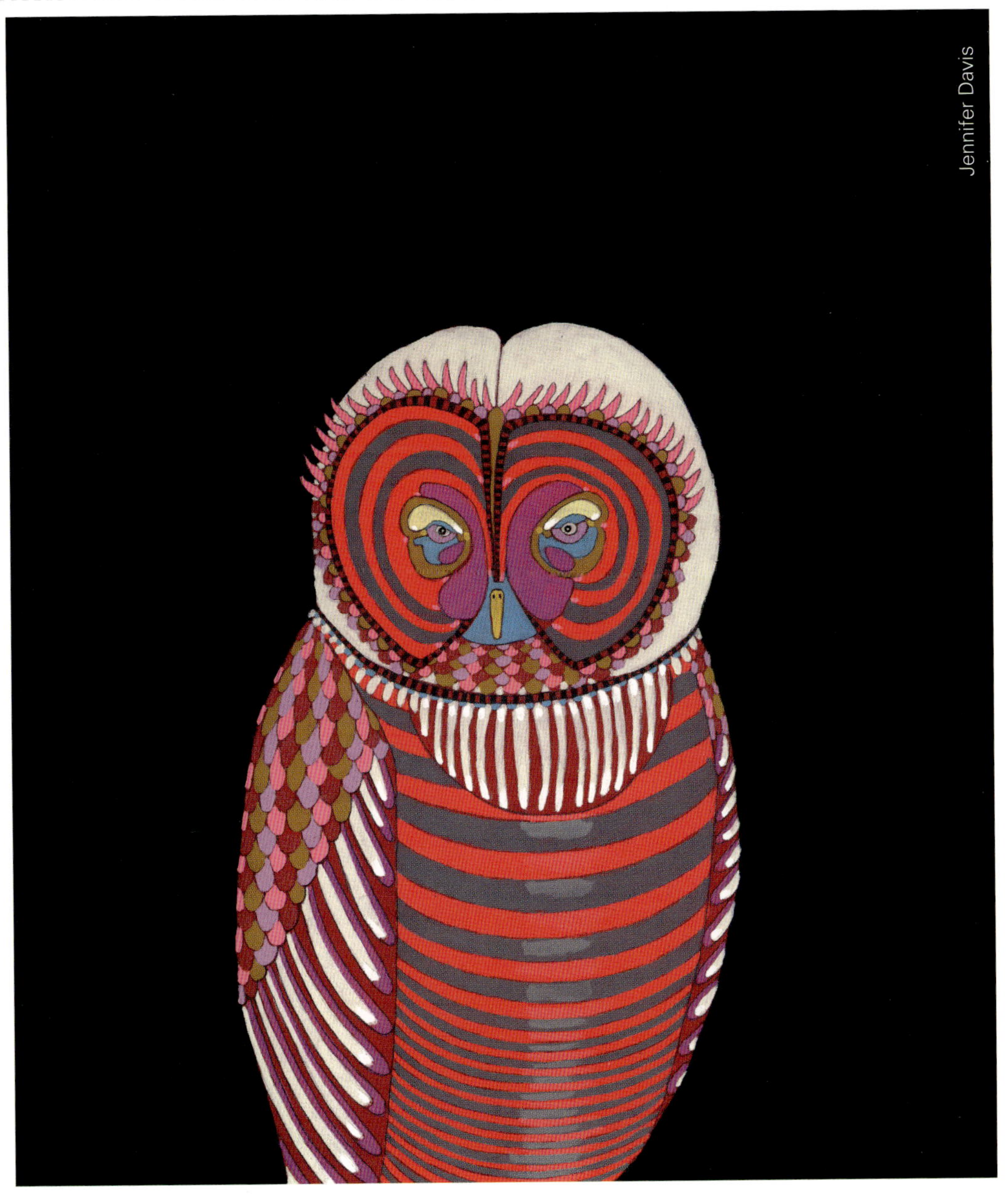



09 | 10 | 11 | 12 | 13 | 14 | 15

DEC

16 | 17 | 18 | 19 | 20 | 21 | 22

DEC

23 | 24 | 25 | 26 | 27 | 28 | 29

DEC

30 | 31 | 01 | 02 | 03 | 04 | 05

JAN

Cover Illustration: Deanna Halsall, www.deannahalsall.co.uk
Typeface: Guillemet by Johan Mosse, Foundry: www.gestaltenfonts.com



**Crackpot Calendar 2013**

Published by Gestalten
ISBN 978-3-89955-424-3
Printed in China

© Die Gestalten Verlag GmbH & Co. KG, Berlin 2012

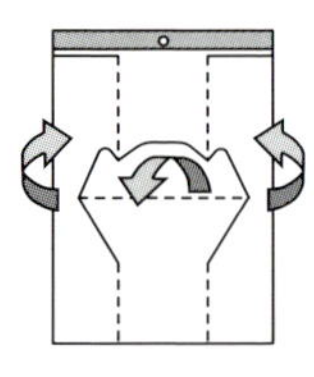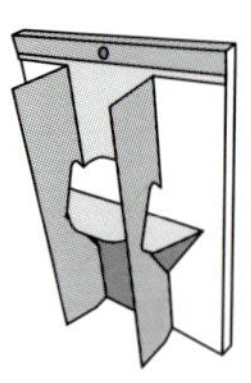

# Crackpot Calendar 2013

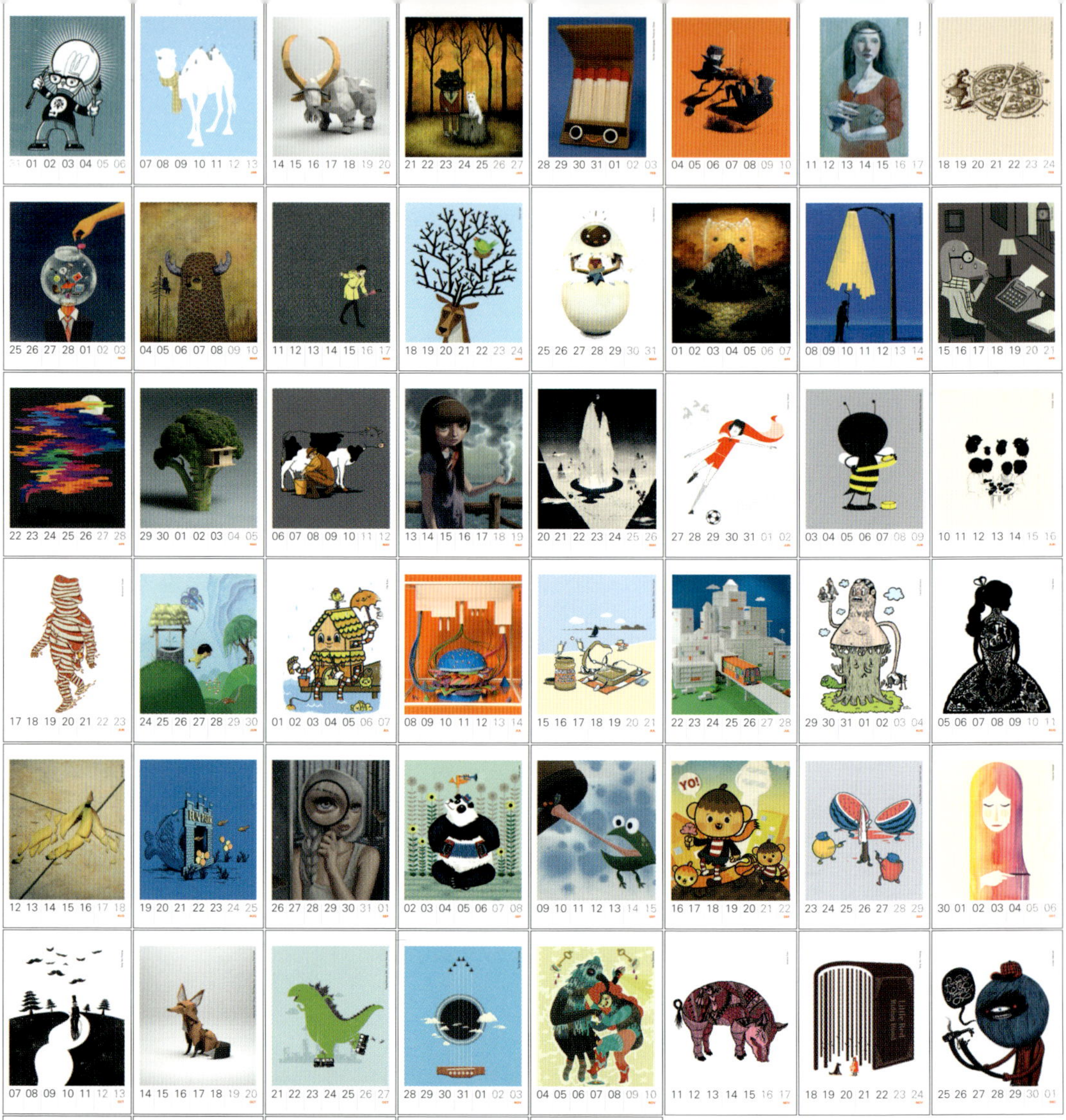

gestalten

ISBN 978-3-89955-424-3